MW01641324

Borreguita y el coyote

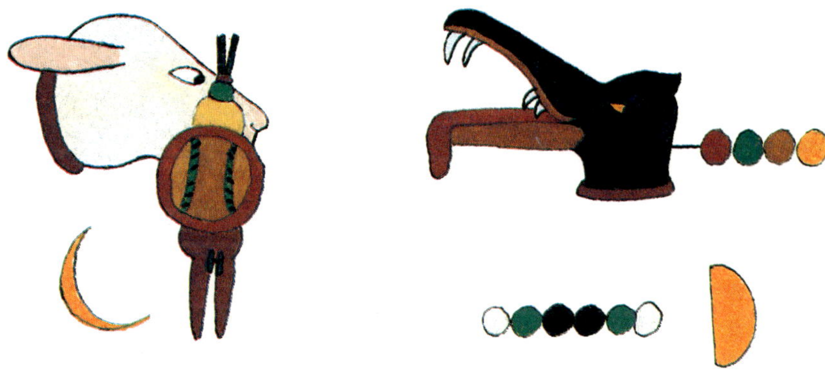

Borreguita y el coyote

Un cuento de Ayutla, México

Adaptación de Verna Aardema · Ilustraciones de Petra Mathers

SCHOLASTIC INC.
New York Toronto London Auckland Sydney

Borreguita and the Coyote: A Tale from Ayutla, Mexico
Borreguita y el coyote: Un cuento de Ayutla, México

The English version of *Borreguita and the Coyote: A Tale from Ayutla, Mexico* was translated and retold by Verna Aardema from "La Borreguita y el Coyote," beginning on page 509, with one episode from "La Zorra y el Coyote," page 514, in *Tales from Jalisco, Mexico,* Vol. XXXV, by Howard T. Wheeler, published by The American Folklore Society, 1943.

 Published by Scholastic Inc.,
by arrangement with Verna Aardema and Petra Mathers.
Book design by Edward Miller.
Printed in the U.S.A.
ISBN 0-590-47427-8
ISBN 0-590-29170-X (meets NASTA specifications)

20 19 18 17 16 40 5 6/0

A nuestra nueva corderita,
Kelly Elizabeth Aardema
—*V. A.*

En las buenas y en las malas,
los Michael
—*P. M.*

GLOSARIO

Ayutla: ciudad del occidente de México.

Borreguita: cordera pequeña.

Coyote: un animal pequeño parecido al lobo.

En un rancho, al pie de una montaña, vivía una vez una corderita. Su dueño la llamaba simplemente *Borreguita*.

Un día el dueño de Borreguita la ató a una estaca en un campo de tréboles rojos. La corderita estaba comiendo los ricos tréboles cuando se le acercó un coyote.

El Coyote gruñó:

—*¡Grrr!* ¡Borreguita, te voy a comer!

Borreguita baló:

—*¡Beee-e-e-e, beee-e-e-e!* Ay, señor Coyote, no lo voy a llenar porque estoy flaca como un ejote. Cuando termine de comer estos tréboles voy a estar bien gorda. *Entonces* sí me puede comer, si quiere.

—Está bien —dijo él—. Volveré cuando estés gorda.

El coyote volvió después de muchos días. Encontró a la corderita pastando en el prado y gruñó:

—*¡Grrr!* ¡Qué gordita estás! ¡Te voy a comer *ahora mismo!*

Borreguita baló:

—*¡Beee-e-e-e, beee-e-e-e!* Señor Coyote, conozco algo que es mucho más rico que la carne de cordero.

—¿Qué? —preguntó el Coyote.

—¡Queso! —exclamó Borreguita—. Mi dueño tiene una bola de queso sobre la mesa y se lo come con sus tacos.

El coyote nunca había oído hablar del queso y sintió curiosidad.

—¿Cómo puedo conseguir queso? —preguntó.

Y Borreguita le dijo:

—Hay un estanque al final del prado. Esta noche, cuando la luna esté alta, encontrémonos allí. Yo le mostraré cómo conseguir un queso.

—Está bien —dijo el Coyote—. Estaré allí.

Esa noche, cuando la luna llena estaba bien alta en el cielo, Borreguita y el Coyote se encontraron a orillas del estanque. Allí, brillando en el agua oscura, había algo que parecía un queso grande y redondo.

—¿Lo ve? —exclamó Borreguita—. Vaya nadando y cójalo.

El Coyote se metió en el agua y empezó a nadar hacia el queso. Nadó y nadó, *chac, chac, chac, chac*. Pero el queso siempre estaba igual de lejos. Finalmente, el Coyote abrió la boca y se lanzó sobre él. ¡CHOOOOC!

¡En medio de una gran salpicadura la imagen se hizo añicos!

A Coyote se le llenó la boca de agua. Tosiendo y escupiendo, dio la vuelta y se puso a nadar de nuevo hacia la orilla.

Cuando llegó a la orilla, la corderita ya no estaba.

¡Lo había engañado! El Coyote se sacudió el agua, *tac, tac, tac*.

Entonces levantó la vista hacia el gran queso que había en el cielo y aulló ¡AUUUUUUU!

OWOOOOOOAH

Al día siguiente, al amanecer, Borreguita fue a pastar cerca de una peña que sobresalía de la ladera de una montaña. Sabía que el coyote la iba a perseguir y tenía un plan.

En cuanto asomó el sol por encima de la montaña, Borreguita vio acercarse al coyote, que venía oliendo un rastro. Ella se deslizó debajo de la peña y se tiró de espaldas, sosteniendo la peña con las cuatro patas.

Cuando el coyote la encontró, gruñó:

—*¡Grr!* Borreguita, te veo ahí abajo. ¡Te voy a sacar de ahí y te voy a comer!

Borreguita baló:

—*¡Beee-e-e-e, beee-e-e-e!* ¡Señor Coyote, no me puede comer *ahora!* Tengo que sostener esta montaña. Si la suelto, se vendrá abajo.

El coyote miró la montaña y vio que la corderita la estaba sosteniendo.

—Usted es fuerte —dijo Borreguita—. ¿Quiere sostener la montaña mientras voy a buscar ayuda?

El coyote no quería que la montaña se cayera, así que se arrastró debajo de la peña y levantó las patas.

—Empuje con fuerza —dijo Borreguita—. ¿Ya la está sosteniendo?

—Sí —dijo el Coyote—. Pero date prisa. Esta montaña es pesada.

Borreguita salió rodando de la pequeña hondonada, y saltando y corriendo volvió al corral.

El Coyote sostuvo la peña hasta que le dolieron las piernas y le dio hambre y sed. Por fin dijo:

—¡Aunque la montaña se caiga, la suelto! Ya no puedo más.

El coyote se arrastró fuera de la hondonada y se cubrió la cabeza con las patas. La montaña no se cayó. Entonces se dio cuenta: la corderita lo había engañado otra vez.

El Coyote se sentó en sus patas traseras y aulló ¡AUUUUUUU!

A la mañana siguiente, muy temprano, el coyote se escondió entre unas matas del prado donde pastaba la cordera. Cuando ella se acercó, dio un salto, soltó un ¡GUUFF! y le dijo:

—Borreguita, esta vez no te vas a escapar. ¡Te voy a comer *ahora mismo!*

Borreguita baló:

—*¡Beee-e-e-e, beee-e-e-e!* Señor Coyote, ya sé que merezco morir. Pero concédame una gracia. Trágueme toda entera, así no siento las mordidas.

—¿Por qué te tengo que hacer sentir bien mientras te como? —preguntó el coyote—. De todos modos, no te podría tragar toda entera ni aunque quisiera.

—¡Ay, sí, sí podría! —exclamó Borreguita—. Tiene la boca tan grande, que podría tragarse un puma. Abrala bien grande, que yo voy a correr y me tiro adentro.

El Coyote abrió la boca bien grande y afirmó las patas en el suelo. Borreguita tomó distancia. Luego bajó la cabeza y echó a correr.

¡BAM! Golpeó la boca del Coyote tan fuerte que lo hizo rodar por el suelo.

—¡AYY, AYY, AYYYY! —aulló el coyote, y se levantó y se escapó corriendo. Su boca era un gigantesco dolor de muelas.

Y desde ese día, Borreguita retozó tranquilamente en el rancho que estaba al pie de la montaña. El Coyote no la molestó nunca más.